당신 별은 어디 있나요

당신 별은 어디 있나요

정춘자 시집

그루

시인의 말

인생의 끝자락에서
흩어져 있는 나의 분신들
모으고 보니 많이 부족한 분신들이다
그래도 설레고 힘드는 가슴앓이로
함께 껴안고 가련다
기쁨과 아픔도 있었지만
너희들이 있었기에 나는 행복했다

2021년 가을
정춘자

차례

시인의 말 5

**1부
놋그릇**

놋그릇 13 / 은비녀 14 / 백설기 16
호롱불 17 / 아버지 18 / 목화꽃 한 다발 20
엄마의 봄날 22 / 옆구리 찔러 절받기 23
매미 24 / 옥양목 버선 26 / 진달래화전 28
홍매화 꽃가지에 눈이 내리네 30 / 국물 우려낸 멸치 32
매화나무 가지에 걸린 달 34 / 미처 몰랐다 35 / 개망초 36
작약꽃 38 / 다녀온 고향 40 / 고향은 지금 42
꽃잎 날리는 봄날에 44 / 네잎클로버 46

2부
구르는 돌처럼

늦가을 날 49 / 남북 이산가족 상봉 50
6·25전쟁 70주년에 52 / 가슴이 너무 아파요 54
코로나와 염장이 56 / 개 팔자 58 / 구르는 돌처럼 60
복지관 62 / 수성못 오리 한 마리 64 / 마음의 빗장을 풀자 66
마지막 달력 68 / 저승역에 내릴 때 69 / 그럭저럭 산다 70
유모차 밀고 가는 할머니 72 / 깨어진 그릇 74 / 아양 기찻길 76
유품 정리 78 / 길고양이 80 / 간이라도 빼 주고 싶은 친구 81
유품 정리사의 고백 82 / 영정 사진 84

3부
구룡포 모리국수

낙산사 87 / 오어사 88 / 해운정사 90

약천사 92 / 통영 93 / 구룡포 모리국수 94

을숙도 96 / 소양강 97 / 기장 앞바다 98

봄날 남해 99 / 풍기 인삼 축제 100

제주도 1 102 / 제주도 2 103

짜오프라야강 104 / 미케비치 해변 106

후에 왕궁 108 / 하와이의 밤바다 109

몽골의 달밤 110

4부
함께 갈 수 없는 길

당신의 마지막 모습 113 / 내 손 놓고 가던 날 114
이승과 저승 116 / 하루가 또 갔습니다 118 / 꽃구경 119
갈치 120 / 소식 좀 전해 줘요 121 / 철이 들었나 봅니다 122
어디로 가야 하나요 124 / 혼밥 125 / 전화기는 가져가야지요 126
살아 보니 살아지더군요 127 / 당신 별은 어디 있나요 128
거짓말쟁이가 되었습니다 130 / 함께 갈 수 없는 길 131
목숨도 준다더니 132 / 해만 보고 살았는데 133
당신 소원 들어줄게 134 / 당신 떠나고 일 년 136
많이 고맙습니다 138

해설
달빛에게 거는 말_김동원 141

1부

놋그릇

놋그릇

명절 때마다
기왓장 곱게 빻은 가루
짚수세미에 묻혀
어깨가 빠지도록 놋그릇 닦으시던 모습

조상님 제사상에 올라
반들반들 윤이 나는 모습에
입가에 미소가 번지시던 얼굴

어머니 돌아가시고
짐이 되었지만
차마 버릴 수 없어
집에 가져와서 곁에 두었다

가끔씩 먼지를 닦으며
어머니 바라보듯 들여다보면
놋그릇 쓰다듬으시며
환하게 웃고 계신 어머니

은비녀

마음이 흐트러질 때마다
긴 머리를
얼레빗과 참빗으로
곱게 빗어 올려

반짝반짝 윤이 나는
은비녀 바르게 꽂아
흐트러진 마음을
바르게 잡아 본다

한평생 함께하며
외로울 때 만져 보고
기쁠 때도 만져 보고
한 몸이 되었다

뽑히고 희어진 머릴망정
모른 채 버릴 수 없어
안간힘을 써 가며
단정히 꽂혀 있다

옥색 모시 치마 흰 적삼에
쪽진머리 곱게 빗으시고
한평생 조심스레 걸으시던 어머니

백설기

이른 아침 모임에서
밥 대신 먹으라고
검은콩 드문드문 넣은
따뜻한 백설기 한 덩이 준다

아이들 백일상이나 돌상에
건강하게 자라게 해 달라고
어머니의 지극한 정성을 담아
돌상에 차려지던 떡

하얀 무명 치마저고리
눈부시게 정갈한 모습으로
새벽마다 장독대 앞에서
자식들의 무병장수를 빌어 주시던 어머니

따뜻한 백설기 한 덩이
두 손에 꼭 쥐고 있으니
어머니 따뜻한 젖가슴이 그리워
차마 먹을 수가 없다.

호롱불

해가 지고 어두워지면
어머니 조심스레 성냥불로
호롱불 밝히시면
우리 남매들 가슴속에도
따뜻한 불씨 하나씩 켜졌지

식구들 모여 앉아
고단한 하루를 털어 버리고
따뜻한 마음으로
웃고 떠들던 행복한 밤

부모님 세상 떠나셨는데
그때 성냥불 켜서
방 안을 밝혀 주시던 그 따뜻한 빛
지금도 가슴속에 조그마한 불씨로 남아 있다

한생을 살아오면서
춥고 힘든 날들은
조그만 불씨 한 번씩 꺼내 보면서
따뜻하게 살았다

아버지

어릴 적
마주보며 밥 먹을 때마다
맛있는 반찬 내 앞에 밀어 주시며
그냥 웃으셨던 아버지

대구를 다녀오시면서
실로 한 알 한 알 엮은
사과 한 줄 사다 주셨다

지금도
사과 한입 베어 물면
그때 그 사과 맛이
입 안 가득 퍼진다

딸자식 공장에 보내
식구들 배고픔을 해결하던 시절이었건만
아버지는
내 손을 꼭 잡고 학교에 데려다 주셨지

너무도 고마운 일인데
저세상 가실 때까지
"고맙다"는 말 한마디 못했다

지금도 하늘에 계신 아버지께
"고맙다"는 말 전해 드리고 싶을 때는
목젖이 뜨거워진다

목화꽃 한 다발

가을비 서럽게 내리는 날은
가슴이 시려와
어머니 따뜻한 가슴이 그립다

이 자식, 저 자식
퍼내고 또 퍼내어도
마르지 않는 어머니의 사랑은
끝없이 솟아나는 샘물

한평생
어머니 가슴은 시려도
자식들 가슴만은 따뜻하게 보듬고
추운 겨울날에도 얼지 않게 품어 주셨지

날마다
많은 사랑 받는 줄만 알고
고마운 마음
살아생전 전하지 못했다

저세상 가시고 나니
따뜻한 목화꽃 한 다발도
어머니 가슴에 안겨 드리지 못한 것이
이리도 후회스러울 줄이야

이렇게
가을비가 내리는 날은
주름진 어머니 손 한 번 잡아 봤으면

엄마의 봄날

엄마의 봄날은
내가 만드는 것이라 믿고
열심히 살았다

어느 날
나의 전부로 길러 낸 너희들이
엄마의 봄날을
만들어 주는 것임을 알았다

너희들의 전화 목소리가 밝은 날은
내 마음은 구름 위를 날고
가슴에 꽃이 피어난다

너희들의 전화 목소리가 고단한 날은
내 가슴에 천둥이 울고
비 내리는 하루가 된다

나의 봄날은
내가 만드는 것이 아니라
너희들이 만들어 주는 걸 알았다

옆구리 찔러 절받기

답답한 사람을 만났을 때
속이 터져도
옆구리 찔러 절 받느니
차라리 포기하고 말았다

시간이 흐른 뒤
너무 답답하여
옆구리 찔러 절 받으려다
또 포기한다

세월이 흐른 뒤
차라리
그때 옆구리 찔러서라도
절이나 받을 걸

일찌감치
옆구리 찔러 절 받지 못함이
못내 후회스럽다

매미

말복 지나고도
그토록 피 울음 쏟던 너는
머지않아 입추 지나면
떠날 줄 알았구나

미련한 인간들은
계절이 오고 감도 잊은 채
덥다고 불평할 때
너는 떠날 준비를 했구나

인생의 끝자락에 서고 보니
살아온 날들이
모두가 후회뿐

긴 세월 살아오면서
가슴속 응어리들을
너처럼 토해 내지도 못하고
슬픔의 늪이 깊은 양 병이 되었다

짧은 생을 살다 가지만
마음껏 소리쳐
오장육부의 티끌까지도 비우고 떠나니
너의 일생은 축복이다

옥양목 버선

바느질 솜씨 좋다고
이웃 동네까지 소문난 외할머니
솜 놓은 버선 한 축, 홑버선 한 축
시집올 때 농 밑에 넣어 주셨다

새색시 적 새하얀 버선들을
차마 신어 보지 못하고
중년에는 편한 양말 신다가
세월 가니 벌써 늙은이 되었다

새하얀 옥양목 버선들이
농 밑에 나란히 누워서 한평생을 함께 살았다
저 세상 데리고 갈 수도 없고
이 세상 두고 가기엔
함께한 세월이 반백 년

세월이 많이도 변하여
귀히 대접받던 옥양목 버선들이
버리지도 껴안지도 못하는
애물단지가 되었구나

저세상 가서
외할머니 만나면
뭐라고 말을 할까

진달래화전

내 고향 뒷산에 봄이 오면
진달래 잠깨어
꽃불을 놓았지

입술이 붉도록 진달래 꽃잎 따 먹으며
산을 헤매던 어린 시절은
세상사 모르던 아름다운 시절

진달래꽃잎 따 오면
어머니는 예쁜 화전을 부쳐 주셨다
동생들과 서로 먹으려고 싸우기도 했었지

진달래 화전 부쳐 먹으며
봄날을 즐기다 보면
금방 지나가는 봄
가슴속에는 일년 내 지지 않는
꽃이 핀다

진달래 피는 봄이 오면
어머니 얼굴, 어릴 적 친구들 얼굴
진달래 화전 위에서 꽃으로 피어난다

홍매화 꽃가지에 눈이 내리네

우수 지나 봄 기운이 완연한데
홍매화 가지 위에
간밤에 눈이 내려
붉은 꽃잎들이 숨죽이고 있다

해가 뜨면 사라질
반나절의 사랑일지라도
짧은 순간 찬란한 그 모습이
눈이 부시도록 아름답다

분홍치마 하얀 저고리가
잘 어울리는 새색시인데
반나절만 사랑하고 떠나는 건
너무나도 짧지 않느냐?

간혹 바람 불고
눈발 희끗희끗 휘날릴 때
차마 가지 말라고 붙잡지도 못한 채
물끄러미 바라보며 보내야 하는

찰나의 순간이었지만
찬란했던 그 순간을 떠올리면
차갑던 심장이 다시 뜨거워진다

국물 우려낸 멸치

국물 우려낸 멸치를 건져
잠깐 망설임도 없이
음식물 쓰레기통에 던진다

정년퇴직하고
집에서 며칠 동안 뒹굴다 보니
국물 우려낸 멸치가
눈앞에서 어른거린다

한평생 아들딸 길러내어
내 곁을 떠나보내고
오로지
아내와 단둘인데

취미 생활이다 친구 모임이다
바쁘게 쏘다니는 아내가
몹시 낯설다

국물 우려낸 멸치일망정
한번쯤
씹어도 보련만

조금은
구수한 맛도 남아 있지 않을까

매화나무 가지에 걸린 달

이른 아침
뜰에 나서니
매화가 웃음을 터트린다

긴긴 겨울 불평 없이 참아내고
봄비 내리고 봄바람 불더니
봄 오는 소리 빨리도 들었나 봐

달이 매화나무 가지에 걸려
행여 바람이 불까 봐
한 송이 두 송이 피어나는 꽃송이들
밤새껏 지켜보며 웃고 있구나

새 한 마리 날아와
고운 노래 불러 주니
지나가는 이들 가슴마다
사랑의 꽃송이 피어난다

미처 몰랐다

평생 남향집에 살면서
꽃들이 잘도 피어도
햇살의 고마움을 미처 몰랐다

날마다 받는 기쁨이
너무도 당연한 듯
고마운 마음을 갖지 못했는데

구름 낀 날이면
비로소 알게 되는 햇살의 고마움

중년의 나이를 넘기고서야
남아 있는 시간들을
햇살 같은 존재로
살아야겠다는 생각을 하게 되었다

개망초

밭맬 때마다
뽑혀진 채 던져지던 아픔
죽을힘을 다해 버텨 보아도
꽃피울 날은 오지 않았다

온동네 노인들만 남아
농사일 못 하게 되어도
도시로 떠난 자식들은
고향에 돌아오지 않는다

올봄에는
고추 마늘도 심지 못하고
빈 밭으로 텅 비워 둔다

한평생 내 집 한칸 갖지 못하고
길섶으로 밭두렁으로 쫓겨 다니며
서럽던 나날들

빈 밭은 내 집이라고
개망초 재빠르게 올라와
번개처럼 터를 잡고
온 밭 가득 하얗게 꽃을 피우고
큰소리로 웃으며 춤을 춘다

척박한 땅 한 평도
갖지 못하던 내가
큰 밭이 내 집이 될 줄이야!
살다 보니
이런 날도 찾아오는구나

작약꽃

아름다운 봄날
한밭 가득 꽃을 피우고
지나는 이들 발목을 잡으며
함께 놀자고 손짓을 한다

탐스럽고 화려하게 꽃을 피우고
눈부신 햇살을 듬뿍 받으며
향기를 천지에 날리니
바람도 정신을 잃는다

사랑의 빛깔이 있다면
아마도 눈부신 너의 고운 꽃빛
너와 함께 한나절을 보내고 나니
하늘도 너와 사랑에 빠진다

너의 꽃말은 수줍음이라고
아무리 보아도 수줍기는커녕
여왕처럼 당당하고 화려하다

내게도 아름다운 젊은 날이 있었다지만
너와 함께 마주보며
사진을 찍은 것은 나의 실수

다녀온 고향

한평생 가슴속에 묻어 두었던
어릴 적 고향이
칠십을 넘긴 어느 날부터
문득문득 잠깨어 나를 흔든다

갑자기 먼길 달려와
두근거리는 가슴 쓸어안고
낯선 동네 한복판에
넋 놓고 서 있다

낯선 할머니 한 분 만났다
이 동네에 오래 살았느냐고 물으니
평생을 살았다고 한다

어릴 적 서연*이란 친구를 아느냐고 물었다
그도 안다고 대답했다
내가 서연이라고 하자 우리는 쳐다볼 사이도 없이
와락 끌어안고 한참을 서 있었다

세상에서 가장 아름다운 꿈을 꾸며
엄마의 치맛자락 잡고 함박웃음 웃던
어릴 적 추억들을 한아름 찾아 안고
돌아오는 길은 봄날 같았다

이렇게 아름다운 오늘이 있으니
인생의 끝자락에서도
가슴만은 시리지 않겠다

* 서연 : 어릴 적 아명

고향은 지금

방문 앞에는 아이들이 벗어 놓은 신발들이
제멋대로 흩어져 있고
집집마다 마구간에는 황소들이
한가롭게 되새김질 하고 있었지

어머니 물동이를 이고 우물터에 가면
아낙네들은 가슴속 이야기를 풀어놓고
반가운 새소식도 듣는다

골목마다 아이들 떠드는 소리에
온동네가 시끌벅적하고
때로는 싸우다 터지는 울음소리에
골목도 함께 울고

반찬은 풋김치 한 사발과
된장국이 전부였지만
보리밥 한 그릇 거뜬히 비우고
학교로 달려가던 아이들

학교에 다녀오면
철이는 소꼴망태 둘러메고 뒷산에 오르고
순이는 동생을 업고 골목길을 누볐다

여름에는 맑은 시냇물에서
겨우내 묵었던 때를 씻으며
물놀이하느라 해 지는 줄 모르던
철이와 순이는 서울로 가고
동네 아이들 떠드는 소리 들을 수 없다

방문 밖에는
늙은이 신발 한 켤레 가지런히 앉아서
텅 빈 동네를 지키고 있다

꽃잎 날리는 봄날에

고목이 된 벚나무들은
버겁게 꽃을 매달고
봄바람이 간질이는 듯
마냥 깔깔거리며 꽃눈을 휘날린다

봄나들이 나온 사람들이
꽃길 걸으며 노래 부르고 춤을 추니
꽃눈 휘날리는 거대한 도시가
비틀비틀 춤을 춘다

꽃눈을 맞으며 걷노라니
꽃잎 떨어질 때마다
그리운 얼굴들이 한둘씩
꽃잎 따라 휘날린다

꽃잎들의 웃음소리에
무덤 속 잠들었던 영혼들도
세상 밖으로 뛰쳐나와
함께 춤추게 하는 봄날이다

나는 아직 너희들을
떠나보내고 싶지 않은데
너희들은 벌써 떠나려고
꽃눈을 휘날린다

꽃눈 날리는 아름다운 봄날
먼길 떠나고 싶다

죽었다가 다시 태어난다면
한 사람 사랑 받고 사느니
만 사람에게 사랑을 주는
꽃으로 태어나고 싶다

네잎클로버

세잎클로버 이름이
건강, 사랑, 행복이라 부른다

세 잎만 가슴에 담고 살아도
평생 웃으며 살 수 있으련만
헛된 욕심들이 지나쳐
행운의 한 잎을 찾으려고 길을 떠난다

행운의 한 잎을 찾아 헤매는 동안
손안에 쥐고 있던 세 잎들이
허욕에 취한 인간들을 보고
껄껄 껄 웃으면서 슬금슬금 달아난다

제 손안에 든 행복들이
떠나가는 줄도 모른 체
남의 몫이 부러워 헤매는 군상들

뒤늦게 후회하며
가슴을 친들 무엇하리

2부

구르는 돌처럼

늦가을 날

떨어진 나뭇잎 위에
가을 찬비가
추적추적 내린다

바람이 불면
어디론가 가고픈 곳으로
날아도 가련만
비 맞은 나뭇잎들은 생각을 잊은 양

지나가는 발길마다
무심히 밟고 지나가지만
아프다는 한마디 말도 하지 못한다

우리네 인생도
마지막 가는 길이
언제이지는 몰라도
늦가을 찬비 맞고 가지는 말아야지

아! 눈부시게 햇살 고운 날
바람 따라 가벼이
훨훨 날아가야지

남북 이산가족 상봉

하늘나라 땅나라
영원한 이별도 아닌데
육십 년을 기다려 만난 가족들

한생애를 함께하고
이별이 와도
죽는 날까지 그리운 마음인데

한생애를 그리워하다 만난 가족이
열한 시간의 짧은 만남에
가슴속 쌓인 말들을
어찌 다 토해 낼 수 있을까

아무말도 못하고 부둥켜안고 울다가
시간이 다 되었다는 안내 방송에
물끄러미 쳐다보는 넋이 나간 얼굴들

여섯 살 때 피난길에서 헤어진 아들은
칠십의 노인이 되어
구십 노모 품에 안겨 울지도 못한다

돌 지나자마자 헤어진 딸이
칠순 노인이 되어
백발의 아버지를 부둥켜안고
살아 있어 고맙다며 흐느낄 뿐

통일이 되어 꼭 만날 때까지
살아만 있어 다오

저승 갈 날도 머지않은 노인이
통일을 기다리기엔 하세월인데
어느 날에 다시 만나 볼까

      2018. 08. 20. 남북 이산가족 상봉을 보고

6·25전쟁 70주년에

아버지는 한밤중에
맨발인 채
인민군에게 끌려가셨다

한평생 끼니 때마다
아버지 밥그릇에 따뜻한 밥을 담아
아랫목에 묻어 두고
제삿날도 모른 채 어머니는 눈감으셨다

시체가 산처럼 쌓이고
핏물이 바다를 이루었다는
참전했던 노병의 회고담

칠십 년이 지난 지금도
허기진 전우들의 눈빛을 못 잊어
밤마다 악몽을 꾼다는
살아 돌아온 노병의 이야기

수많은 우방국들이
대한민국을 지키기 위해
용감하게 바친
젊은이들의 숭고한 목숨들

칠십 년이 지난 지금도
이산가족이 함께하지 못하고
북녘땅에 끌려간 국군 포로들이
눈만 뜨면 남쪽 하늘만 바라보며
흘리는 눈물을 누가 닦아 줄까

가슴이 너무 아파요

우체국 앞에서 두 시간을 기다리다
빈손으로 돌아온다
아파트 관리실 앞에서 줄 서 있다가
마스크 두 장을 받아 온다

쌀보다 마스크가 더 급하다고 소리친다
코로나 바이러스가 무서워
마스크로 무장한
웃음기 잃어버린 비장한 얼굴들

코로나19라는 처음 듣는 이름에
목숨을 지키겠다고
줄을 서서 기다리는 사람들을 보고
도도해진 마스크가 코웃음을 친다

의사 선생님!
"영감이 코로나19로 죽었는데
내가 격리되어 있어
마지막 배웅도 할 수 없어요"

"아버지가 코로나19로 돌아가셨는데
아들인 내가 격리되어 있어
장례식에도 갈 수 없어요"

한 생애를 함께하고
생각지도 못한 먹구름이 덮쳐
영원한 이별 앞에서도
배웅조차 할 수 없어 한(恨)만 맺힌다

신문 위의 활자들도
아픈 사연들로 오열을 터뜨린다

코로나와 염장이

코로나로 세상을 등진 시신들을
바이러스가 무섭다고
의사도 장례사도 모두 외면하니
봉사하는 염장이*의 몫이 되었다

마지막 가는 길에
수의조차 입지 못하고
비닐 팩에 갇힌 채 화장이 되었다

화장장에는
영정도 위폐도
가족들의 울음소리도 들을 수 없다

염장이는
유족들에게 유골을 안길 때마다
죄인인 양 고개 숙였다

부모님의 마지막 모습도 보지 못한 채
한 줌 유골 받아안고
눈물조차 흘리지 못한 채
황망하여 넋 나간 상주들

애도할 시간도 없이
초라한 마지막 모습에
남은 가족들의 슬픔은
명치끝에 걸려
죽는 날까지 삭이지 못하리

＊시신을 마지막으로 목욕시키고 옷도 갈아입히며 장례를 도와주는 사람

개 팔자

팔십 된 할머니
이른 아침부터 리어카 끌고
종이 박스 주우러
가게마다 둘러본다

하루 종일 허리 한 번 못 펴고
손 안에 쥐어진 지폐 한 장
아무리 아껴 써도
세 끼 밥 마음놓고 먹을 수 없다

개들의 본분은
큰소리로 짖어 도둑 쫓고
집 잘 지키는 것이거늘
꼬리 잘 흔드는 애완견뿐

지키라는 도둑은 지키지 않고
주인에게 재롱이나 떨며
사랑받고 호강 누리는 개들의 세상
아무리 개라고는 하지만
조금의 염치는 있어야지

할머니는 밤마다 기도한다
다음 생애는
부잣집 개로 태어나게 해 달라고

개가 사람을 길들이는
개판인 세상이라고 하지만
사람이 개 팔자를 부러워해서야

구르는 돌처럼

밥 딜런의
'구르는 돌처럼' 노래를 듣다가

"집으로 가는 길을 잃어버린 채
구르는 돌처럼 사는 게 어떤 기분이니?"
툭!
내뱉는다

오늘날
우리들에게 하는 말 같아서
다시 들어 보아도 같은 기분이다

큰 욕심 없습니다
놀지 않고 열심히 일했습니다
아이들과 마음 편히 지낼 수 있는
조그마한 집 한 채 원했을 뿐입니다

이제는
모든 꿈이 산산조각이 났습니다
자고 나면 오르는 집값에
꿈을 짓밟힌 젊은이들

죽는 날까지 아들 딸들 이끌고
여기서 채이고 저기서도 채이고
구르는 돌처럼 살아야 합니다

사는 날까지
'즐거운 나의 집'은
언제쯤 가질 수 있을까요?

복지관

박노인은 지팡이를 짚고
바둑 두러 왔다
김노인은
아들이 데리고 왔다

집에 있는 것보다
친구들과 어울려
시간 보내러 왔다고 한다

며칠 뒤부터
김 노인은 오지 않았다
또 며칠이 지나도 오지 않았다

아무도
왜 오지 않느냐고? 묻는 이가 없다
오지 않는 이유를
모두가 알고 있기 때문일까

머지않아
자신들도
가야 할 길이란 것을

수성못 오리 한 마리

겨울날 수성못에 오리 한 마리
물가에 홀로 서서
시린 발 하나 깃 속에 묻고
제 그림자를 정신없이 바라본다

먼저 떠나간 짝이 가슴 저리게 그리울까
살아온 지난날들이
몹시도 후회스럽지 않을까

앞을 한번 바라보아라

너희 친구들이 양지녘에 모여
춤을 추고 있지 않느냐
나무들도 바람과 손잡고
춤을 추고 있지 않느냐

이런들 저런들
너무 골똘히 생각하지 마라
산다는 건 어차피
흘러가는 것

세월 따라 흘러가는 것이
삶이라면
살아가는 동안만이라도
즐겁게 춤을 추며 살아가지 않겠느냐

마음의 빗장을 풀자

마음에 걸어 놓은 빗장이 답답할 때는
그 빗장을 풀고 눈을 감아라
지나가는 바람이 일러준다

네 편도 아니고
내 편도 아니고
모두가 하나되어
마음속으로 달려오라고

마음이 미움의 늪에서 허우적일 때
마음의 빗장을 풀어
대문을 활짝 열어 보라
지나가던 햇살이 일러준다

미운 인연도 고운 인연도
마음속으로 들어와
따뜻하게 녹여지라고

마음의 빗장을 풀고
햇살을 한아름 안아 보자
추위로 가슴앓이하던 겨울날도
봄날처럼 따뜻하리니

마지막 달력

해마다
마지막 달력 한 장을 볼 때면
한 해를 보내는 아쉬움에
붙잡고 싶은 심정뿐

오늘 아침
마지막 달력 한 장을 보다
미련 없이 보내 줄 테니
어서 가라고 외쳤다

처음 겪는 코로나19로
온 세계가 깊은 늪으로 가라앉았다
좋은 사람 손 한번 잡지 못하고
함박웃음 한번 주고받지 못한 채
몸도 마음도 멀어지는 거리두기

밤이 지나면 태양은 밝게 떠오를 테니
새해여!
마스크 벗어던지고
마음껏 웃을 날 데려오소서

저승역에 내릴 때

아무리 천천히 걸어가도
시간이 멈추지 않는 한
지난 세월은 아득한 추억으로 남고
저승역에 당도하는 날은 기필코 오겠지

가본 적 없는 길이라
조금은 두렵고 궁금하지만
아픈 기억들은 모두 잊어 버리고
삶의 찌꺼기들도 털어 버리고
먼지 한 톨도 지니지 말자

걸어온 길 뒤돌아보지도 말고
무겁고 낡은 신발은 벗어던지고
맨발로 가벼이
나비처럼 날아가 보자

저승역에 내리는 순간
하얀 무명천으로 맨살을 가린 채
가볍고 우아한 걸음걸이로
천천히 내리고 싶다

그럭저럭 산다

잘 지내니?
그러저럭 산다
유쾌한 대답은 아닌 듯

그럭저럭 산다는 것은
젊은 날에는
참 시시했다

여기까지 살고 보니
그럭저럭 산다는 것은
참으로 대단한 일이다

자식 잘 키우고
누구에게나 폐 끼치지 않고
반가운 친구 만나면
밥 한 끼 대접하고

그럭저럭 용케도 여기까지 살아왔다

삶이란 것은 녹록한 일이 아닌데
큰 어려움 없이 오늘날까지
그럭저럭 잘 살아왔으니
나에게 칭찬해 주고 싶다

유모차 밀고 가는 할머니

마을회관 앞마당에
빈 유모차 몇 대 서 있다
한가로이 유모차 밀고 가는
할머니를 만난다

아이들 웃음소리에 행복했던 그 시절
손주들 태우고
자랑스레 유모차 밀며
마을길이 좁다고 불평하던 할머니들

마음껏 다 퍼주고
이제는 줄 것도 없이 세월에 밀려
즐겁던 추억만 남았을 뿐인데

놀빛에 물든
저녁 바람 맞으며
보이지 않는 인생의 끝자락으로
빈 유모차를 밀고 간다

혹시나
누가 불러 주지나 않을까
한 번씩 뒤돌아보며
소풍 길 마친 듯이 천천히 걸어간다

깨어진 그릇

설거지를 하다
밥그릇과 접시가 부딪혀
밥그릇은 이가 빠지고
접시는 두 동강이 났다

더운밥, 찬밥 가리지 않고
매일 마주앉아
오랜 세월 함께했는데

매운맛, 짠맛, 싱거운 맛까지
너그럽게 받아들이고
기쁜 마음으로 마주했었다

마주앉을 때마다
너그러운 마음 가지라고
자주 일러주었건만
인생의 끝자락에서도 너희들처럼
너그러운 마음 갖지 못했다

우리들 사이에
불꽃같은 사랑은 아니어도
따뜻한 정으로 오랜 세월 함께했는데
세월 가니 너희들도 떠나는구나

아양 기찻길

금호강 둑 벚꽃 피는 봄날에는
지나다니는 가슴마다 꽃이 피어
너나없이 꽃 세상이 된다

흘러가던 강물도 가던 길 멈추고
넋 놓고 꽃구경하다
눈부신 꽃웃음에 눈멀어
사랑에 빠져 버린다

두 갈래 철길 위로
얼마나 많은 사연을 싣고 달렸을까
가슴속에 담아 둔 그리운 얼굴들은
강물 위에서 웃으며 손을 흔드네

팔공산 자락 향기로운 미나리와 삼겹살
보릿고개 넘기시던 부모님 생각에
목이 메인다

팔공산을 지키는 인자하신 부처님
모두 품어 주는 금호강 넓은 마음
옛 기찻길의 추억이 사랑으로 흐른다

유품 정리

'유품 정리'라고 써붙인
차가 지나간다

언제부터인가
지니고 있는 모든 것들이
무겁고 거추장스러워진다

집안을 둘러보고
많이 필요하지 않는 것들을
하나씩 줄이기 시작한다

살면서 마음의 빚을
많이 진 사람은 없는지
큰일 때 부조 많이 받고
갚지 못한 일은 없는지

눈에 보이는 물건만
정리할 것이 아니라
보이지 않는 마음의 빚도
살아생전 정리해야겠지

죽어
저승 가는 길
새처럼 가벼이 날아가고파서

길고양이

아파트 담장에
'고양이들에게 먹이를 주지 마세요'
라는 경고문을 붙여 놓았다

지나가던 고양이는 저 글씨를 아는지 모르는지
물끄러미 쳐다본다
어디로 가야 하나?
슬픔과 공포가 가슴을 조이는 듯
두 눈에서 불꽃이 떨어진다

직장과 내 집 마련의 길이 막혀
생존의 몸부림을 치며
힘없이 떠도는 청년들의 모습에서
길고양이 모습이 겹쳐진다

어깨가 축 쳐진 한 청년이
고양이 먹이를
몰래 두고 간다

간이라도 빼 주고 싶은 친구

간을 빼 줘도 아깝지 않다는 말
가끔씩 듣곤 한다

젊은 날에는
무심히 듣고 넘긴 말인데
인생을 거의 살고 황혼녘을 바라보니
자꾸만 생각난다

평생을 살아오며
간을 빼 줘도 아깝지 않을 친구
곁에 몇 명이나 있을까

어느 친구에게도
간을 빼 줘도 아깝지 않은 친구가
되지 못했던 나

눈을 감고 가만히 뒤돌아보면
지금 곁에 머무는 친구들
모두가
간을 빼 줘도 아깝지 않은 친구

유품 정리사의 고백

팔십 넘은 할머니 먼길 가셨다
자식들은 바쁘다고 돈 될 것이 없다고
유품 정리사에게 뒷정리를 맡긴다

첫아이 낳고 수고했다고 사 준 것이지
애지중지 평생을 쓰다듬으며 살았어
삼십 년 고생하며 잘 살았다고
한두 푼씩 모아서 영감이 사 준 것이야
좋아서 밤에 잠도 오지 않았어

남겨진 유품들이
조용히 유품 정리사에게
자기소개를 한다

고시원에서 죽을힘 다해 버티다
저세상으로 떠난 젊은이의 유품 몇 점
유품을 거두다 꺼이꺼이
울음을 터뜨리는 유품 정리사

하루에도 몇 번씩 천당과 지옥을 오간다
유품을 정리하며 말없이 이별을 고할 때마다
고인들이 가벼이 하늘로 날아가
예쁜 별이 되라고 명복을 빌어 준다

영정 사진

어느 날
친구가 하늘나라로 갔다고
친구 딸이 전한다

머리 손질도 하고
평생 하지 않던 화장도 조금 하고
잘 찍어 달라고
사진사에게 부탁을 한다

죽으면
아무것도 모를 텐데
사진을 잘 찍어 달라는
내 자신이 참으로 우습다

그래도
가는 날까지 여자이고 싶은 마음
가슴속 깊이 묻어 두고 살아왔나 봐

3부

구룡포 모리국수

낙산사

홍련암 감로수 한 모금 마시고
마음속 욕심 씻어 버린다
해당화 꽃 진 자리에
열매들 붉게 영글어 가는데
의상대에 올라앉아
바다를 바라보니
그리운 마음 하나 지울 수 없어
마음만 슬퍼진다
인생은 원래 혼자라고
바다가 나를 타이르네
그리움도 미움도 부질없으니
바다에 훌훌 털어버리고
가벼운 마음으로 돌아가라고
사랑은 언제나 마음속에 있다고
활짝 핀 불두화가 일러 준다

오어사*

살다가 힘든 날이 오면
오어사로 간다
원효대사와 혜공스님의
발자취도 한번 더듬는다

제비집 같은 자장암 법당에 앉아
관세음보살 수없이 부르며
절실한 소원 빌어 본다

뒤뜰엔 부처님 진신사리가
오는 이들마다 반가이 맞으며
마음을 다독여 주고

바람에 흔들리는 풍경 소리가
근심 걱정일랑 모두 날려 버리고
모든 이들을 품어 주라고
진심으로 일러 준다

내려오는 길에 바위에 걸터앉으면
온 산천이 연둣빛 비단 이불을 덮고
산벚꽃들은 산이 떠나갈 듯 웃고 떠든다

사랑하는 이들과 손잡고
출렁다리 건너 올레길 걸어갈 때
사랑의 물결 가슴 가득 고여 와
원효대사와 혜공스님이 된 듯하다

＊포항시 오천읍 운제로 679번지

해운정사*

젊은 날
가끔 부자를 부러워했었다
돈만 있으면 다 되는 세상이라고
삶이 내게 그렇게 일러주었다

어느 날
부산 해운정사에서
우리나라 제일의 부자를 만났다

부처님 뵙고
알 듯 모를 듯한 큰스님 법문을 들으니
중생이 어찌 세상사를 다 알까마는

점심공양 함께 하면서
우리나라에서 제일 돈 많은 부자가
나보다
걱정이 더 많다는 것을 알았다

돈 가지고도
되지 않는 일이 많다는 것을
부처님은 벌써부터 일러주었건만
이제야 알게 되었다

집으로 돌아오는 발걸음이
가볍지 않음은
인간의 업보가 크기 때문일까.

*부산광역시 해운대구 우동 2로

약천사*

약천사 부처님 찾아뵈려고
걸음을 재촉하여
일주문에 들어서니
잘 익은 하귤들이 어서 오라 반겨준다

부처님 앞에 앉아 있으니
그대는 마음속에
욕심만
가득 채우고 왔으니

깨끗이 비우고 돌아가라 하신다
인생은 어차피
빈손으로 돌아가는 것

무거운 욕심 품고
절뚝대지 말고
가벼운 마음으로 돌아가라고
거듭 당부의 말씀을 하신다

*제주특별자치도 서귀포시 이어도로 293-28

통영

바람이 나를 불러 준다
바람따라 오솔길로 올라갔더니
친구와 손잡고 함께 오라 한다

사랑 이야기 많이 나누고
첫사랑도 한번쯤 생각하면서
옛 노래도 함께 부르라 한다

흔들 그네에 앉아 바다를 바라보니
붉게 물든 노을 속으로
하루의 고단한 삶이 날개를 접는다

힘차게 떠오른 아침 햇덩이
지난밤 잠들었던 작은 섬들이
우 우 아우성치며
벌떡벌떡 일어난다

구룡포 모리국수

느닷없이 친구가
구룡포 모리국수를 먹으로 가자 하여
해질 무렵 길을 떠난다

팔다가 남은 생선을 모두 넣고
국수를 끓여서
뱃사람들의 허기를 달래 주던
옛 음식이다

허기진 배를 채우던
뱃사람은 보이지 않고
낯선 여행객만 줄 서 있다

국수를 파는 주인도
모리국수를 맛보겠다는 손님도
배고픈 얼굴은 찾을 수 없다

백 리 길도 멀다 않고 달려오는
별미가 된 모리국수
달그락거리는 젓가락 소리만
배고프던 그 시절
국수 맛을 일러 준다

을숙도

이른 봄날
을숙도를 간다

재빠른 철새들은
길을 떠나고
비둘기 몇 마리
다정히 노닌다

어디를 가야
살아남는지
영리한 철새들은
잘도 알건만

사람으로 태어나
철새보다 미련하니
험난한 세상살이
힘들 수밖에

소양강

첩첩 둘러싸인 산빛은
푸르기만 하고
하늘 높고 구름 한 점 없다

붐비는 인파에
물새들도 자취를 감추고
무심한 물결은
세월을 잊게 한다

사랑하는 사람의 무릎을 베고 누워
콧노래 부르는 젊은 여인은
자연보다 아름다운
사랑 노래 부른다

이토록 아름다운 광활한 자연도
조그마한 여인의 가슴속에
사랑 하나 채워 주지 못하는구나

기장 앞바다

바다를 깊이 품고
하룻밤을 보낸다

보름달은 나직이 떠올라
알 수 없는 웃음 지으며
사랑을 속삭이는 듯 바다를 내려다본다

잔잔한 바다는
고운 웃음 지으며
다소곳하다

눈을 떠 보니
붉은 햇덩이가
온 바다를 깨워 놓고
사랑을 듬뿍 건네주고 있다

이렇게 아름다운 곳에서
많은 사랑을 나누라 한다
인생은 길지도 않고 별난 삶도 아니라고

봄날 남해

동백꽃은 땅 위에 누워 있어도
누구를 기다리는지
말없이 먼 하늘만 바라보면서
쉬이 시들지 못한다

바다는 눈이 시리도록
잔잔하고 너그러운데
하늘은 바다보다 더 넓은 마음이다

눈 속에 마음속에
남해의 봄날을 가득 담아 와
밤새껏 꺼내 보느라 밤잠 설친다

꽃이 제아무리 예뻐도
봄이 가면 지고 말지만
남해를 다녀온 봄날은
마음속에서 항상 꽃이 피어 있겠지

풍기 인삼 축제

인삼 축제라더니
인삼향 풀풀 날리며
멋진 자태의 인삼이 넘쳐난다

인삼 농사지어
우리 남매 잘 키워 주셨던 부모님

가을날 인삼 캘 때면
행여 한 뿌리라도 다칠세라
사랑하는 자식처럼 소중히 다루셨다

인삼 한 뿌리 마음놓고
드셔 보지도 못하고 죽을힘을 다해
열심히도 사셨다

돌아오는 길의 희방 폭포
천지를 진동시키며 떨어지는 물줄기는
세월이 가도 그대로인데

인삼 축제의 흥겨웠던 풍경은
세월이 많이도 변했음을
알려 준다

제주도 1

제주도에서 하룻밤을 보내고
눈 뜨자마자 거실에 앉으니

바다에서 고개를 내민 붉은 햇덩이
눈 돌릴 사이도 없이 순식간에 달려와
와락 가슴에 안긴다

소리 한번 지르지 못한 채
숨조차 쉴 수가 없다

살다가 가슴 시린 날이 오면
조금씩 꺼내
따뜻하게 데우면서 살리라

시린 가슴 데워줄 햇덩이 식으면
다시 찾아와
떠오르는 저 붉은 햇덩이 안아 보리라

제주도 2

수월봉에서 제주도 바람맛을 보고
구름과 바다를 마음속에 가득 퍼담는다

논짓물* 지나
해변 올레길선 메말랐던 가슴에
봄날에 꽃이 피듯 사랑이 피고

지는 놀빛 너무 고와서
바다도 숨을 죽이고
물새들도 목청껏 노래 부르니

세월을 이기고
살아온 사연들은 등에 업고
덤으로 사는 늙은이들도
저절로 콧노래가 나오게 한다

*밀물과 썰물이 만나는 곳

짜오프라야강*

왕들의 강이란 별명을 가진
짜오프라야강에서
나그네 가득 실은 배들은
제 흥에 겨워 밤 깊은 줄도 모르고

제각각 피부색이 다른 나그네들은
웃음으로 첫인사 나누며
천국인 양 행복한 얼굴들이다

사랑하는 사람과 손잡고
엄마와 딸도 손잡고 배에 오르니
내일을 잊은 채 무아의 경지다

낮에는 꽃들의 천국이더니
밤에는 빛의 천국이 되어
나그네 마음을 사로잡고
밤늦도록 놓아 주지를 않네

강 건너 도시의 불빛은
쉼 없이 나그네를 유혹하고
태국을 지키고 서 있는
왕의 모습이 무척 당당하구나

찻집에서
흐르는 강물을 바라보며
한잔의 차를 마시니
세상에 부러울 것이 없는데

이렇게 아름다운 순간에
불현듯 낮에 바라본 수상가옥의
과일 파는 이의 초췌한 모습이 떠오르니
천국과 지옥은 함께 가는 길동무인가

*태국 방콕을 가로질러 흐르는 가장 긴 강

미케비치* 해변

비치파라솔 아래 앉아
수평선을 바라보며
차를 마신다

해가 뜨고 질 때마다
희망과 슬픔이 교차하고
물결 위에 햇살 내리니
바다는 찬란한 보석이 된다

이렇게 아름다운 곳에서도
전쟁이 있었다는 사실은
인간의 욕망이
가장 큰 죄악이구나

파도가
밀려왔다 밀려갈 때마다
그리운 얼굴 가까이 다가왔다
이내 물결 따라 떠나가는데

누군가
수평선 끝에서 나를 부르는 듯
그리움 하나가
나를 붙잡는다

*베트남 다낭에 위치한 동양 최대의 백사장

후에 왕궁*

150년 찬란했던 옥좌가
주인을 잃어버린 채 너무나도 초라하니
나그네 마음도 쓸쓸해진다

지난날 영광은 역사 속으로 사라지고
당당했던 옥쇄만 왕들의 위용을 알리는 듯
지금도 변치 않고 빛난다

후궁전 수많은 빈방들은 정적이 감돌고
이토록 많은 후궁들
왕들은 어찌 기억할 수 있었을까

긴 밤을 홀로 지새우며
눈물과 한숨소리 섞여
아직도 넓은 뜰에 배어 있다

인간사 무상하다는 말
수없이 들었건만
여기 와서 또 한 번 알게 된다

*베트남 마지막 왕궁. 1993년 유네스코 세계 문화유산으로 등록

하와이의 밤바다

모두 잠든 밤
호텔 발코니에서
적막한 바다를 내려다본다

한낮의 뜨거웠던 열정도 욕망도
모두 잠재우고
마냥 평화롭다

수많은 사람들이
낮 동안 쏟아 놓은
질풍노도 같던 욕심 덩어리들

얼마나 참고 인내해야
파도 소리조차 잠재우고
이토록 조용하고 아름다운 모습이 되느냐

인간은 죽는 날까지
가슴속에서 이는 욕망의 파도를
잠재우지 못하는데

몽골의 달밤

고단한 양떼들에게
자장가 불러 주고
힘든 유목민들에게는
포근한 이불이 되어 준다

첫사랑 떠나보내고
아픈 마음 달래는 나그네
게르캠프*에서 단꿈 꾸는지
문 밖에서 서성이며 애만 태우네

달은 이따금 바람 불어
잠시 구름 속에 얼굴 가려도
빙그레 웃으며 금방 나타나
고요한 초원을 밤새 지키고 있다

사랑은 가고 나면
새 사랑 다시 온다고
밤새도록 사랑이야기 들려주며
몽골의 달밤은 사랑이 익어가는 밤

*여행객을 위하여 초원에 전통적으로 지은 숙소

4부

함께 갈 수 없는 길

당신의 마지막 모습

안동포 고운 빛깔의 수의가
참 잘 어울렸습니다
깨끗한 얼굴에 미소 띤 모습
보기가 좋았어요

키가 크다고
마지막 집을
크게 장만하였지요

자존심 강하고 인정 많던 당신은
마지막 가는 길도
자존심 지키며 가더군요

무거운 책임 다하고
홀가분하게 떠나는 마지막 모습이
참으로 편안해 보였습니다

아무 말 없이 보내는 내 마음
당신은 알고 갔을 테지요
떠나가는 당신 마음이 너무 아플까 봐

내 손 놓고 가던 날

반백년 세월이
짧지만은 않았건만
살다 보니 어찌 이리도
빨리 흘러갔을까요

사랑한다는 한마디 말도 하지 못한 채
한평생 사랑하며
묵묵히 살아온 세월

보름달처럼 살고자 했던 당신
휘영청 눈부시게 달이 밝은
정월 대보름날
나의 전부였던 당신은
내 손을 놓아 버렸습니다

그대 가는 길에 달이 밝아
처음 가는 낯선 길이지만
가고픈 곳으로 잘 찾아갔나요

소매끝을 부여잡고
혼자 보낼 수 없다고
애원 한마디 못한 채
당신을 그냥 보내 버렸습니다

먼길 떠나면서
잘 있으라는 한마디 말도 없이
뒤도 한 번 돌아보지 않고
그리 쉽게 갈 수 있나요

일 년에 단 한 번 떠오르는
정월 대보름달을
한 번 쳐다보세요
나도 함께 바라볼 테니

이승과 저승

이승과 저승이 얼마나 멀기에
인연이 끝났다고 떠난 뒤로는
소식 한번 들을 수 없네요
못다 한 말 수없이 남았는데

언젠가는 헤어진다는 사실을
진작에 알고 있었건만
하고픈 말을 미루고 미루다가
이리도 후회할 줄을 몰랐습니다

한평생 지나고 보니
참으로 짧은 세월이건만
그대 떠난 뒤로는
하루가 천년 같습니다

눈을 감아도 눈을 떠도
그대 모습뿐인데
밤하늘 별들 바라보면
별마다 그대 얼굴인데

뱉었던 말들이
가시 되어 목에 걸리고
살다가 이별하는 일이
이리도 힘든 일이라고

누가 내게 말이나 좀 해 줄 것을

하루가 또 갔습니다

아무 생각도 못한 채
하루가 또 지나갔습니다
당신 방이 어두워
밤마다 불을 켰지요

환하게 웃으며 행복하다던 당신
그렇게 쉽사리 편하게
눈감을 수 있나요

책상 위에 놓여 있는 사진은
내가 눈물 흘릴 때마다
환하게 웃으면서
잘 지내다 오라고 타이르네요

함께한 수많은 시간들을
나 혼자
어떻게 감당할 수 있을까요

꽃구경

꽃이 피면 두 손 잡고
꽃구경 가자 하고
단풍 들면 손에 손잡고
단풍 구경 함께 갔었지요

따뜻한 차 한 잔
마주보고 마시며
햇살이 좋다고
어린아이 같이 천진하게 웃던 당신

나는 지금
당신 곁으로 갈 수도 없고
당신도 내게로 올 수 없는데

봄날은 또 돌아와
꽃들은 아름답게 피는데
손잡고 꽃구경 가자는 이 없어
문밖을 나설 수 없습니다

갈치

당신 떠난 후 처음으로
제주도산 갈치 두 마리 사왔습니다
정성들여 졸였더니
살이 참 부드럽네요

유난히 갈치를 좋아했던 당신은
혼자 먹다 미안한 듯
뼈 발라 내 앞에 밀어 주며
'맛있다'고 먹어 보라던 목소리
지금도 식탁에서 맴도는데

이제는 잊을 듯도 하건만
식탁에 앉을 때마다
서로 권하며 나누어 먹던
밥정이 그립습니다

태연한 척 애쓰며 먹어 봤지만
한 숟가락 넘기고 목이 메이고
두 숟가락 넘기니 눈물 고입니다

소식 좀 전해 줘요

지극한 효자
자신보다 타인을 더 사랑하며
품위와 약속을 지키고
열심히 살았던 당신

지금은
하늘나라 어디쯤 머무는지
잠 못 드는 나를 바라보고 있나요

또다시 부부로 만나
반백 년을 살자 하면
다시 살아 볼 용기는 없지만

당신 간곳
주소를 몰라
편지 한 장 띄울 수 없으니

한 번만
잘 있다고
소식 좀 전해 줘요

철이 들었나 봅니다

갚지도 못할 큰 사랑을
나날이 받고 살면서도
당신이 곁에 있을 때는
그 사랑 미처 알지 못했습니다

온 우주를 두 눈에 담아
그윽이 바라보던
그 눈빛의 깊은 사랑도
그때는 몰랐습니다

한평생 함께해 주어
고맙다는 한마디 말도
전하지 못한 채
보내고 나서야 후회하였습니다

당신 때문에
한평생 따뜻했어요
외롭지 않고 즐거웠습니다

당신을 떠나보내고
이제야
철이 들었나 봅니다

어디로 가야 하나요

도로 한복판에서
우회전을 해야 하는지
좌회전을 해야 하는지
직진을 해야 하는지
가는 길을 잃어버렸네요

누군가
내 어깨를 툭 치면서
가는 길을 알려 줄 것도 같은데

뒤차들이
연신 빵빵거리며
빨리 비키라고 소리치는데

혼자서
어디로 가야 하는지
가는 길조차 몰라
눈 감고 귀 막아 버립니다

혼밥

당신의 수저로 밥을 먹어 보았어요
당신과 함께라 생각해도
밥맛이 없네요

당신 젓가락 하나 내 젓가락 하나
짝을 맞추어
반찬을 먹어 보았습니다
반찬도 맛이 없네요

둘이 마주앉아
반찬 맛이 있다 없다
이야기 나눌 때가 행복했었네요

지금 생각해 보니
불평도 칭찬도 모두가 사랑이었고
사람 사는 모습이었네요

혼자 먹는 밥은
따뜻한 밥이나 찬밥이나
맛없기는 매한가지입니다

전화기는 가져가야지요

그 먼길 떠나면서
전화기를 두고 갔네요
급한 일 생기면 어떻게 연락하나요

낙엽 지는 가을날
가슴 시리고 마음마저 쓸쓸해지면
차나 한잔 하자고
누구에게 전화할까요

보고픈 마음은 가슴에 묻고 살더라도
많이 아픈 날이면
누구에게 연락하나요

추운 겨울날
따뜻한 내 옷이었던 당신
추운 겨울이 오면
누가 내 옷이 되어 주나요

살아 보니 살아지더군요

처음에는 죽을 것 같았습니다
아무것도 먹을 수도 없고
잠도 오지 않아 멍청이가 되었지요

"세월 가니
아이 젖 떨어지듯이 살겠더라"고
먼저 남편 보낸 친구가 말해 주네요

세월 가면 사랑도 잊혀진다지만
함께한 세월을 어찌
잊을 수 있겠습니까

살아 보니 살아지더라 하고
TV에서 노랫말이 흘러나오네요
살다 보면 잊고 사는 날도 올 테지만

그래도
세월을 조금만 더 빌려서라도
함께 살다가 손잡고 같이 떠나지 그랬어요

당신 별은 어디 있나요

늦은 밤
창문을 열고 밤하늘을 쳐다보았지만
수많은 별들 중에
당신 별은 찾을 수가 없습니다

당신은
나를 보고 웃고 있겠지
미덥지 못한 눈빛으로
걱정스런 마음뿐이겠지요

갈 수만 있다면
바람에 실려서라도
당신 곁으로 날아가 볼 텐데
밤마다 당신 별을 찾아 헤맵니다

아마도
제일 늦게까지 잠들지 못하는 별이
당신 별이겠지요

마지막 남은 별 하나 따다
가슴에 끌어안고
오늘밤 잠들어 봅니다

거짓말쟁이가 되었습니다

소식 듣지 못한 친구가
당신 잘 있느냐고 물으면
잘 있다고 대답해요

돌아서서
울지 않으려고 애를 써도
참을 수 없어 눈물만 흐릅니다

소식 전해 들은 친구가
밥 잘 먹고 건강 잘 지키라고
위로의 말을 하면

그렇게 하겠다고 웃으며 대답하고
가슴이 아파 와서
한술 밥도 넘기지 못합니다

사람들을 만나면
당신을 잊은 척 웃고 떠들지만
함께한 그 인연 잊는 방법을 모르겠어요

함께 갈 수 없는 길

세상사
외롭지 않은 이가 있을까마는
혼자 가는 길이
이렇게 외로운 줄 알지 못했습니다

함께 손잡고 가던 길은 익숙하지만
그 길을 혼자 걸어가니
서툴러서 넘어지기도 합니다

혼자서 걸어가다 보면
이 길도 외롭지 않고
익숙해지는 날도 오겠지요

우리 앞에 놓인 길을
영원히 함께 걸을 줄 알았는데
함께 갈 수 없는 길도
우리 앞에 있었네요

목숨도 준다더니

애지중지
목숨도 준다더니
애써 지울 수 없는
추억만 남겨 두고 먼길 혼자 떠났습니다

원앙같이 살자던 당신에게
나는 여태껏
답도 못했는데

돈 드는 일도 아니고
힘 드는 일도 아닌데
어찌 그대에게
좋은 말을 아껴 두었는지

날마다
당신이 끓여 주던 커피 한 잔 앞에 놓고
앞산을 바라보고 앉아 있으니
찻잔 속에서 빙그레 웃으며
따뜻할 때 마시라고 재촉하네요

해만 보고 살았는데

날마다
해만 보고 살았는데
해가 지고 나니 천지가 깜깜합니다

어느 쪽으로 가야 할지
도무지
분간할 수 없네요

내가 가야 할 곳은
죽음보다 더 어두울까
해가 지면
생각도 따라 지면 좋으련만

남은 시간들은
어차피 덤으로 사는 인생인데
정신줄 느슨하게 살아 보렵니다

당신 소원 들어줄게

당신이 남기고 간
수많은 추억들을
가끔씩 외로울 때 꺼내 보면서
이제는 울지 않을게요

자다가 돌아누우면
따뜻하게 잡아 주던
당신 손은 간 곳 없고
차가운 베개만 손끝에 스칩니다

건강하고 즐겁게 친구들과 잘 지내고
천천히 오게 해 달라고
밤마다 부처님께 기도하던 목소리
아직도 방안 가득 남아 있는데

내가 눈물 흘리면 당신 마음 슬플까 봐
많이 웃고 즐겁게 지내다
당신 찾아갈께요

바둑을 나보다 더 좋아했던 당신
친구들과 바둑 두고 놀면서
조금만 기다려 줘요

당신 떠나고 일 년

밤마다
당신 방이 어두워
일 년 동안 불을 켜 놓았습니다

그토록 사랑하던
아들딸, 손자와 손녀 모두 데리고
당신을 찾아갔건만
왔느냐는 인사말조차 없네요

좋아하던 술도
아들딸이 한잔씩 따라놓았건만
맛있다는 한마디 말도 없구려

당신과의 추억들을 서랍 속에 넣어 두고
꺼내 보지 않으려 해도
시도 때도 없이
불쑥불쑥 튀어나오네

이제는
당신 방에 불을 켜지 않겠습니다
내 가슴속 그리움도 꺼버리겠습니다
스위치를 내리면 전깃불이 꺼지듯

오늘 밤 지나고 내일 해가 뜨면
웃는 얼굴로 살아가겠습니다
살다 보면 어느 날인가
세월이 당신 곁으로 데려다 주겠지요

많이 고맙습니다

눈감으면
세상사 끝인 양
아무것도 모르는데

늘 함께했던 당신
먼길 떠나보내고
이리도 막막할 줄 몰랐습니다

친구들이
울지 말라고 당부를 하네요
당신 뒤돌아보느라 좋은 곳 못 간다고

세월이 약이라고 말들 하지만
세월이 얼마나 흘러야
내게 약이 될 수 있을까요

그래도
검은머리 파뿌리 될 때까지
함께해 주고 떠나서

많이 고맙습니다

해설

달빛에게 거는 말

달빛에게 거는 말

김동원 시인·평론가

들어가는 말

심금을 울리는 시가 좋은 서정시이다. 체험과 맞물릴 때 시 행간의 의미는 깊어진다. 언어는 감성의 갈피 속에서 자신의 흔적을 남긴다. 좋은 시는 진심과 감동으로 독자들에게 다가선다. 시는 자유로운 영혼의 고독한 개인 작업이지만, 대중성에 발화할 때 폭발한다. 시는 하늘의 움직임과 땅의 흐름을 응시하는 사색이자, 보이는 세계를 통해 보이지 않는 것들의 비밀을 들준다. 시는 문체를 바탕으로 시색의 끝로, 시인의 내면 깊이를 각인刻印하는 작업이다. 서정시는 대상의 세밀한 묘사와 추상의 오묘한 이미지를 끌어낸다. 삶의 재발견이 곧 시의 낯섬으로 변주된다. 평이한 언어로는 인간의 복잡다단한 이미지를 재구성하는 데 한계가 있다. 시는 고통과 절규, 진통과 비극, 그 너머의 진실에 닿는 세계이다. 수사의 과잉은 시의 전반을 약화시킨다. 하여, 서정시 계열은 주체가 분명할 때 빛난다. 지나친 비약과 서술적 전개는 서정시의 장점이자 약점이다. 좋은 시는 새로움과 그 비밀한 세계의 틈을, 언어로 그려낼 때 가능성을 확보한다. 시인은 침묵하고 시어가 말할 때 멋진 시가 된다.

정춘자의 시집『당신 별은 어디 있나요』는, 근래 보기 드문 서정시의 진정성이 있다. 특히 표제시「당신 별은 어디 있나요」를 읊조리고 있으면, 사랑하는 남편과의 사별의 슬픔이 곡진하다. 이런 체념과 사무친 정은 한국인의 한(恨)의 정서와 맞물려 감동을 자아낸다. 밤하늘 별이 된 남편을 애절하게 불러내는 '초혼 의식'은, 이승과 저승의 거리만큼 아득하다.「놋그릇」은 놋그릇에 부딪혀 울려 나오는 먼 추억 속의 메아리가, 고향과 식구들의 따뜻한 정서를 불러일으킨다. 겨울 아궁이 너머로 풍겨 오는, 그 구수한「백설기」 냄새는, 전통의 향수이자 공감각적이다.「은비녀」는 얼레빗과 참빗으로 곱게 머리카락을 빗어 올린 딸과 어머니의 환영이 겹쳐 곱기도 하다. 서정시는 사람 살이에서 없어서는 안 될 귀한 복주머니와 같다. 이번 시집에서 보여 준 그녀의 또 다른 시적 매력은, 일상에 대한 재발견에 있다. 유모차를 몰고 가는 할머니에 대한 연민의 눈빛은 먹먹하고 쓸쓸하다.「길고양이」는 이 시대 길을 잃고 헤매는 청년들의 아픔을 길고양이에 비유해, 깊은 성찰과 울림으로 다가온다. 특히 이번 시집 속에서 주목되는 여행시는, 그대로가 강의 언어이자 바다의 언어이며, 구름의 시어이자 길의 언어이다. 시 '제주도' 시편에서 보여 준 그녀의 일출에 대한 원초성은, '떠오르는 햇덩이를 안겠다'는 그 광활한 시적 호흡에서 정점을 찍는다. 그녀의 서정시는 바람 속에 일렁이는 눈물의 언어이다. 불교적 인연법을 바탕으로 유장한 의미를 낳는다. 그녀는 언제나 삶의 구체성에서 자신의 시어를 길어 올린다. 전통과 향수, 어머니와 아버지의 죽음과 사랑, 추억과 풍경, 삶과 사별의 중첩된 이미지는 동일성의 시학이다. 그녀의 시가 깊게 울려오는 것은, 연륜과 세상을 바라보는 연민의 눈길이 진실에 닿아 있기 때문이다. 그녀의 고운 시 「은비녀」를 살펴보자.

사모곡

정춘자 시집 『당신 별은 어디 있나요』에서 빼놓을 수 없는 특징은 사모곡이다. 그녀의 서정시 전반을 관통하고 있는 따뜻한 정서이다. 어머니에 대한 곡진한 사랑과 모성에 대한 그리움은 실로 놀랍다. 언제나 그녀에게 어머니는 앞마당처럼 늘 푸근한 존재이다. "새벽마다 장독대 앞에서 / 자식들의 무병장수를 빌어"(「백설기」) 준 분이다. 떠올리기만 해도 좋은 어머니는 "따뜻한 젖가슴"을 가진 분이다. 사모곡은 고대와 중세, 근대와 현대에까지도 가장 많이 노래

되고 있으며, 서정시의 중요한 본류이다. 어머니의 품은 인간의 첫 대면 공간이자 시간이며, 촉감과 냄새를 통해 무의식에 각인된다. 하여, 외롭거나 쓸쓸하면 저도 모르게 '엄마'하고 부르게 된다. 모성 의식은 전통 정신과 고향 정서에 충첩되어 나타나기도 한다. 이런 동일시 현상은 수많은 예술가와 시인들에게 영향을 끼쳤다.

    마음이 흐트러질 때마다
    긴 머리를
    얼레빗과 참빗으로
    곱게 빗어 올려

    반짝반짝 윤이 나는
    은비녀 바르게 꽂아
    흐트러진 마음을
    바르게 잡아 본다

    한평생 함께하며
    외로울 때 만져 보고
    기쁠 때도 만져 보고
    한 몸이 되었다

    뽑히고 희어진 머릴망정
    모른 채 버릴 수 없어
    안간힘을 써 가며

단정히 꽂혀 있다

옥색 모시 치마 흰 적삼에
쪽진머리 곱게 빗으시고
한평생 조심스레 걸으시던 어머니

―「은비녀」 전문

이 글을 쓰는 지금, 창문 너머로 옥잠화 향기가 은은하게 번져 온다. 꽃봉오리는 마치 여인의 옥비녀(은비녀)를 닮았다. 시 「은비녀」는 "한평생 조심스레 걸으시던 어머니"에 대한 시인의 고운 기억이다. 누구에게나 어머니는 그리움의 이쪽과 사랑의 저쪽 사이에 놓인 성소聖所이다. 근대의 여인들은 "마음이 흐트러질 때마다 / 긴 머리를 / 얼레빗과 참빗으로 / 곱게 빗어 올려" 자신을 가다듬곤 했다. "반짝반짝 윤이 나는 / 은비녀"를 꽂은 그녀들의 한복은, 그 자체가 한국의 미였다. 보름달이 환히 비친 골목으로 어릴 때 부잣집 여인이 지나가면, 한복 저고리의 고름이나 치마허리의 고운 노리개는, 참으로 아름답게 빛났다. 훗날 그것이 외로운 여인들의 소회를 푸는 힌 방법임을 알기까지는, 한참이나 철이 들어야 했다. 때로 노리개는 여인과 "한 몸"이 되어 기쁨이 되기도 한다. 하여 시인은 「은비녀」를 통해 '딸'과 "어머니"의 두 대代에 걸친, 여인만이 누릴 수 있는 고고한 품을 격조 높게 노래하고 있다.

호롱

상징symbol이란 추상적인 개념을 구체적이고 감각적인 사물이나 이미지로 나타내는 일이다. 다른 사물을 통해 암시나 연상 따위로 표현되는 시적 방법이다. 정춘자의 「호롱불」은 '불'의 원형 상징을 가리킨다. '호롱불'은 근대 한국인의 원형 정서에 깊숙이 자리한 감각적 이미지이다. '호롱'이란 기물은 정서적으로도 수많은 추억을 암시한다. 어둠 속 가물거리는 외딴 초가의 불빛이며, 내당內堂의 감홍색 창호문에 비친 여인들의 속삭임이며, 겨울밤 문틈으로 본 하얗게 내린 앞마당의 송이눈은 참으로 시적이다. 이 시는 호롱을 통해 한국인의 내면적 정서를 반추하고 있으며, 어머니를 둘러싼 육친의 정서를 환기하고 있다. 하여 호롱은, 언제나 우리들의 가슴에 따뜻한 기억의 시적 장소가 된다.

해가 지고 어두워지면
어머니 조심스레 성냥불로
호롱불 밝히시면
우리 남매들 가슴속에도
따뜻한 불씨 하나씩 켜졌지

식구들 모여 앉아
고단한 하루를 털어 버리고
따뜻한 마음으로
웃고 떠들던 행복한 밤

부모님 세상 떠나셨는데
그때 성냥불 켜서
방 안을 밝혀 주시던 그 따뜻한 빛
지금도 가슴속에 조그마한 불씨로 남아 있다

한생을 살아오면서
춥고 힘든 날들은
조그만 불씨 한 번씩 꺼내 보면서
따뜻하게 살았다

─「호롱불」전문

정춘자의 「호롱불」은 '전통은 낡은 것인가?'라고 되묻는 듯하다. 현대인들은 무조건 새것이면 경도된다. 시에 있어 전통은 추억의 보물창고이다. 아무렇게나 버려야 할 물건이 아니라, 닦고, 고치고, 칠해서, 언제까지나 오래 쳐다볼 유물과도 같다. 오늘날 기존 서정시를 고리타분하게 보는 사람들도 있다. 허나, 새것은 언제나 옛것의 바탕과 무늬가 된다. 그런 측면에서 「호롱불」은 귀하다. "남매"가 올려다보는 어스름한 방에서 "어머니 조심스레 성냥불로 / 호롱불 밝히시"는 모습은 경건하다. 어머니는 그런 마음이었으리라. 그 작은 호롱불 밑에서 어린 자식들이 공부하는 모습이 참 보기 좋았으리라. 그리고 쑥쑥 커 가는 남매를 "따뜻한 불씨"로 대견하였으리라. 모든 가족이 이 불빛을 중심으로 "고단한 하루를 털어 버리고" "웃고 떠들"며 "행복한 밤"을 보내는 정경은 축복이다. 불과 얼마 지나지 않은 과거이지만, 그런 풍경이 있었나 싶을 정도로 까무룩한 흑백의 뒤편이다. 그러나 시인은 "춥고 힘든 날들"이 올 때마다, "조그만 불씨" 호롱을 꺼내 따뜻한 위안을 받고 산다.

사부곡

좋은 서정시는 시 앞에서 오래 머물게 한다. 궁금하게 하고, 읽을수록 뭔가 자꾸 떠올리게 한다. 존재의 내밀한 기색들을 조곤조곤 풀어낼 줄 안다. 아무것도 아닌 풍경과 정경을 자신만의 눈으로 세밀히 살핀 까닭이겠다. 이런 '응시'는 서정시의 혈관에 피를 잘 돌게 한다. 사물 속에서 찾고 또 찾아내는 시적 인식이야말로, 시가 나아가야 할 정방향이다. 그렇게 얻은 귀한 시는, 행간의 깊은 맛이 우러나고, 그 속에서 삶의 번뜩이는 예지가 보인다. 정춘자의 「아버지」는 그 옛날 흑백 영화 속의 한 장면처럼, 밥상 앞에 앉은 부녀의 모습을 정겹게 한다.

> 어릴 적
> 마주보며 밥 먹을 때마다
> 맛있는 반찬 내 앞에 밀어 주시며
> 그냥 웃으셨던 아버지
>
> 대구를 다녀오시면서

실로 한 알 한 알 엮은
사과 한 줄 사다 주셨다

지금도
사과 한입 베어 물면
그때 그 사과 맛이
입 안 가득 퍼진다

딸자식 공장에 보내
식구들 배고픔을 해결하던 시절이었건만
아버지는
내 손을 꼭 잡고 학교에 데려다 주셨지

너무도 고마운 일인데
저세상 가실 때까지
"고맙다"는 말 한마디 못했다

지금도 하늘에 계신 아버지께
"고맙다"는 말 전해 드리고 싶을 때는
목젖이 뜨거워진다

―「아버지」 전문

    이번 정춘자 시집 『당신 별은 어디 있나요』에서 깊은 감동으로 다가오는 작품은, 「아버지」란 사부곡思父曲이다. 현대시에서 어머니를 주제로 한 시들은 많지만 아버지에 대한 그리움의 정서는 극소수이다. 육친지정에 있어 어머니가 차

지하는 정서가, 아이들에겐 그만큼 크다는 방증일 것이다. 근대에나 현대나 자식에겐 '아버지'란 존재는 엄격하고 멀게 느껴지나 보다. 그러나 시인에게 있어 「아버지」는 실로 다정한 모습으로 추억된다. 예나 지금이나 아버지들은 모두 딸 바보인가 보다. "밥 먹을 때마다" 슬몃 딸에게 "맛있는 반찬"을 밀어 주며, 혼자 "그냥" 웃는 아버지는 행복하다. 바알간 가을 사과를 보면, 예쁜 딸 생각에 손이 먼저 가는 사람이 아버지다. 또래들은 거의 졸업 후 공장으로 갔는데, 시인의 아버지는 딸의 "손을 꼭 잡고 학교에" 데려가 공부를 시킨다. 그런 귀한 아버지가 "저세상에 가실 때까지", 고맙다는 인사 한 번 못해, 시인은 늘 가슴 한복판에 한恨이 되었다. 하여, 이번 사부곡 「아버지」에서 그녀는 하늘에 계신 아버지에게 "고맙다"는 말씀을 "목젖이" 뜨겁도록 밀어올린다.

시선視線

서정시의 구심역은 시적 시선에 좌우된다. 내면의 창을 통해, 풍경의 밖을 내다보는 이런 지점은 묘사적이다. 서정시의 중요한 구조 중 하나인 이야기는, 행과 연의 서술을 풍성하게 한다. 때로는 기억을 구부리거나, 때로는 풍경의 한 장면을 압축하여 나타낸다. 대개 경우 좋은 서정시는 남의 눈치나 명작의 데자뷰deja vu을 비껴 가면서, 자신만의 스타일을 확보한다. 세계에 대한 연민의 눈길은 촉촉하다. 너무

추상적이지도 않고, 그렇다고 너무 풀어지지도 않은 중간쯤에, 시적 분위기는 위치한다. 서정시에 있어 진정성과 감동은 최고의 묘책이다. 정춘자의 「길고양이」는 열려 있는 자신만의 화법이 따뜻하다. 주변의 문제의식을 예리하게 다듬어, 시대의 인식에 접목하고 있다.

아파트 담장에
'고양이들에게 먹이를 주지 마세요'
라는 경고문을 붙여 놓았다

지나가던 고양이는 저 글씨를 아는지 모르는지
물끄러미 쳐다본다
어디로 가야 하나?
슬픔과 공포가 가슴을 조이는 듯
두 눈에서 불꽃이 떨어진다

직장과 내 집 마련의 길이 막혀
생존의 몸부림을 치며
힘없이 떠도는 청년들의 모습에서
길고양이 모습이 겹쳐진다

어깨가 축 쳐진 한 청년이
고양이 먹이를
몰래 두고 간다

―「길고양이」 전문

고양이는 현대시의 중요한 시적 테제이다. 특히 길고양이는 현대인들의 외로운 삶과 겹쳐 중의적 의미로 다가온다. 정춘자의 「길고양이」는 그녀의 시선이 외부로 확장되었음을 의미한다. 아파트마다 밤이 오면 고양이 울음소리가 요란하다. 잠이 오지 않을 때 듣고 있으면, 갓난아이 울음소리 같기도 하여 기괴하다. 어떤 아침은 고양이 밥 주는 일로, 이웃끼리 말싸움으로 번져 떠들썩할 때도 있다. 시인의 눈에 비친 「길고양이」는 연민의 대상이다. "어디로 가야" 할지 몰라 서성거리는 고양이의 모습에서, 이 시대의 "청년들"의 "슬픔"과 "생존의 몸부림"을 함께 본다. 생존은 어느 시대에나 사람들의 거리를 삭막하게 한다. "어깨가 축 쳐진 한 청년이 / 고양이 먹이를 / 몰래 두고" 가는 모습은, 깊은 페이소스pathos를 느끼게 한다.

여행 혹은, 길

이번 정춘자 시집 『당신 별은 어디 있나요』에서 또 하나의 특징은, 여행에서 만난 '길 위의 시편'들로 채워진다. 그녀의 상당한 양의 시들은 '여행 혹은, 길'의 시로 규정된다. "해질 무렵" 친구와 함께 「구룡포 모리국수」를 먹으러 가는 풍경은 신선하다. "팔다가 남은 생선을 모두 넣고" 끓이는 모리국수는 "뱃사람들의 허기를 달래 주던" 옛 음식명이다. 그녀는 「오어사」에서 "관세음보살"을 절실하게 부른다. 이런 불교적 인연법은 내면의 '자아 찾기'로 규정된다. 물론 탁 트인 「기장 앞바다」에서 만난 "보름달" 환한 수평선은 아름다운 서정시의 은물결이다. 그녀에게 바다는 욕심을 내려놓는 장소이자, 시를 얻는 역설의 시간이기도 하다. 여행 시편 중 「제주도 2」는 놀라운 시의 재발견을 목격한 곳이다.

> 수월봉에서 제주도 바람맛을 보고
> 구름과 바다를 마음속에 가득 퍼담는다
>
> 논짓물* 지나
> 해변 올레길선 메말랐던 가슴에
> 봄날에 꽃이 피듯 사랑이 피고
>
> 지는 놀빛 너무 고와서
> 바다도 숨을 죽이고
> 물새들도 목청껏 노래 부르니
>
> 세월을 이기고
> 살아온 사연들은 등에 업고
> 덤으로 사는 늙은이들도
> 저절로 콧노래가 나오게 한다
>
> *밀물과 썰물이 만나는 곳
>
> ―「제주도 2」 전문

섬과 바다는 시인들에게 수많은 영감靈感의 장소가 되었다. 하여, 바위에 앉아 수평선 노을을 바라보면, 짧은 지나온 날들이 아련하기만 하다. 정춘자의 「제주도 2」는 "수월봉"에서 바라본 "제주도" 앞바다의 "바람맛"이 고스란히 남아 있다. 시인은 "논짓물"(밀물과 썰물이 만나는 장소)을 바라보며 사념에 잠긴다. 어쩜 그 고독은 바다가 우리에게 주는 무한량의 물결 때문이 아닐까. 그녀에게 바다는 경이로움 그 자체이다. "지는 놀빛"이 그렇고, 모래펄 위로 발자국을 찍고 가는 "물새"의 풍경이 그렇다. 바다는 언제나 일상을 아름답게 뒤집어놓는다. 하여, 정춘자의 바다는 그 자체가 한 편의 아름다운 시이자, 리듬이요, 음악이다.

초혼招魂

죽은 자를 부르는 노래는 언제 들어도 절절하다. 이번 정춘자 시집의 가장 비극적 절경은 망부가亡夫歌이다. 이미 떠난 혼을 애절하게 부르는 호곡이야말로 슬픔의 엘레지다. 망부가는 개인의 아픔이 망자와 동일시되어 시적 감동이 배가 된다. 깜깜한 "당신 방"에서 불을 켜고, "책상 위에 놓여 있는"(「하루가 또 갔습니다」) 남편의 사진을 바라보는 시인의 절망은 안타깝다. "꽃이 피면 두 손 잡고 / 꽃구경 가자 하고 // 단풍 들면 손에 손잡고 / 단풍 구경 함께"(「꽃구경」)한 남편과의 추억은 눈물겹다. 사별의 충격과 상실의 아프은, 시 「내 손 놓고 가던 날」에서 비극적 인식을 낳았다.

반백년 세월이
짧지만은 않았건만
살다 보니 어찌 이리도
빨리 흘러갔을까요

사랑한다는 한마디 말도 하지 못한 채
한평생 사랑하며
묵묵히 살아온 세월

보름달처럼 살고자 했던 당신
휘영청 눈부시게 달이 밝은
정월 대보름날
나의 전부였던 당신은
내 손을 놓아 버렸습니다

그대 가는 길에 달이 밝아
처음 가는 낯선 길이지만
가고픈 곳으로 잘 찾아갔나요

소매끝을 부여잡고
혼자 보낼 수 없다고
애원 한마디 못한 채
당신을 그냥 보내 버렸습니다

먼길 떠나면서
잘 있으라는 한마디 말도 없이
뒤도 한 번 돌아보지 않고
그리 쉽게 갈 수 있나요

일 년에 단 한 번 떠오르는
정월 대보름달을
한 번 쳐다보세요
나도 함께 바라볼 테니

―「내 손 놓고 가던 날」 전문

 시는 어쩌면 제 곪은 흔적을 닦는 작업인지도 모른다. 사랑한 "당신"이 "내 손을 놓아버"린다면 어떤 심정일까. 이별의 상처가 참혹하다. 정춘자의 「내 손 놓고 가던 날」을 읊조리고 있으면, 절로 눈물이 흐른다. 그것은 먼 훗날 우리들의 풍경이어서 더욱 사뭇친다. "사랑한다는 한마디 말도 하지 못한 채" 느닷없이 당신은 저쪽 세상으로 사라졌다. '당신'이란 말은 몸의 공간과 추억의 시간이 함께한 '방'과 같은 의미일 것이다. "정월 대보름날" "휘영청 눈부시게 달이 밝은" 그 밤에, 당신은 "내 손을 놓아 버렸"다. 시인은 "처음 가는 낯선 길" 잘 찾아가라고 정월보름에 당신이 떠났을 거라고, 스스로에게 위로한다. '어쩌면 죽음은 삶의 집이 아닐까?' 이런 죽음에 대한 미화美化도, 지상에 남은 사람들을 외롭게 하기는 마찬가지다. 실존은 엄혹하다. 하여, "먼길 떠나면서 / 잘 있으라는 한마디 말도 없이 / 뒤도 한 번 돌아보지 않고" 당신은 그렇게 가버린 것이다. 결국, 당신은 먼 곳(저승)에 있고 끝내 화자의 상처는 자신의 것으로 고스란히 남는다.

나가면서

서정시는 물결의 주름과 같다. 젊은 날의 피부는 개울물 소리가 나고, 늙음의 주름은 마루 바닥 갈라지는 소리가 난다. 서정시는 숲속의 안개처럼 모호한 이미지들로 가득하다. 감성의 빛깔과 사물의 혼령이 만나 소곤대는, 말의 정령이다. 이번 정춘자 시집 『당신 별은 어디 있나요』에서, 우리는 시인의 예민한 언어의 촉수를 느낀다. 사별의 아픔을 느낀 자만이 부를 수 있는 놀라운 비가悲歌를 만난다. 때로는 어머니의 높고 깊고 숭고한 사랑을, 때로는 아버지의 크고 넓고 푸근한 가슴의 시를 만난다. 여행에서 만난 시는, 온 세상이 아름다움이요, 살 만한 곳임을 보여준다. 불교적 사상에 경도된 시편들에선, 온 세상이 불경이며, 법당임을 인식하기도 한다. 내가 가장 좋아하는 그녀의 아름다운 표제시 「당신 별은 어디 있나요」를 소개하면서 마칠까 한다.

늦은 밤
창문을 열고 밤하늘을 쳐다보았지만

수많은 별들 중에
당신 별은 찾을 수가 없습니다

당신은
나를 보고 웃고 있겠지
미덥지 못한 눈빛으로
걱정스런 마음뿐이겠지요

갈 수만 있다면
바람에 실려서라도
당신 곁으로 날아가 볼 텐데
밤마다 당신 별을 찾아 헤맵니다

아마도
제일 늦게까지 잠들지 못하는 별이
당신 별이겠지요

마지막 남은 별 하나 따다
가슴에 끌어안고
오늘밤 잠들어 봅니다

―「당신 별은 어디 있나요」 전문

    그녀의 시는 '흰 그늘'이 있다. 지상과 이승 사이의 그리운 공간이 있다. "창문을 열고" 밤하늘을 보면 "별"이 아름답게 빛난다. 그 별은 "당신"이 존재하는 집이며, 발 디딘 지구는 시인이 바라보는 지점이다. 그녀의 서정시는 지상의 무늬를 짜올린 천상의 예언이 있다. 밤하늘에서 내려다보는 '당신'의 슬픈 눈빛이 있다. "갈 수만 있다면 / 바람에 실려" 가고 픈 저 밤하늘 너머 당신이 있다. 서정시는 몸과 몸 없는 것들의 끝없는 자리바꿈이다. 우연히 생겨났다 불현듯 사라지는 구슬픈 노래가 서정이다. 서정은 천상을 그리는 동경과 지상을 그리는 꿈이 만나는 경계이다. 정춘자가 이번 시집 『당신 별은 어디 있나요』에서 집요하게 추구한 세계는, '밝음'과 '어둠'의 미학으로 요약된다. 보이는 세계와 보이지 않는 세계 사이에서 그녀의 서정은 서성거린다. 때로는 질문의 방식으로, 때로는 비탄의 방식으로, 이 세계와 대응한다. 그녀의 시적 고뇌는 슬프면서 아름답다. 언어에 영혼을 실어 '달빛에게 건네는 말'이다. 묵은 언어의 맛은 전통적이면서도 세밀하다. 아픈 자만이 흐느끼는 빛과 어둠의 울음소리가 들린다. 그런 측면에서 정춘자의 시는 개인적 서정을 지나 보편적 서정으로 한 발짝 나아간 시집으로 규정된다.

정춘자 시집
당신 별은 어디 있나요
ⓒ 정춘자, 2021

초판 1쇄 발행 2021년 10월 15일

지은이 정춘자
펴낸이 이은재
펴낸곳 도서출판 그루

출판등록 1983. 3. 26(제1-61호)
주소 42452 대구광역시 남구 큰골 3길 30
전화 053-253-7872
팩스 053-257-7884
전자우편 guroo@guroo.co.kr

ISBN 978-89-8069-456-3
*이 책은 저작권법에 의해 보호받는 저작물이므로 무단 전재와 무단 복제를 금하며 이 책 내용의 전부 또는 일부를 이용하시려면 반드시 저작권자와 도서출판 그루에 서면 동의를 받아야 합니다.
*잘못된 책은 구입하신 곳에서 바꿔 드립니다.
*책값은 뒤표지에 있습니다.

이 책은 대구출판산업지원센터의 '2021년 대구지역 우수출판콘텐츠 제작 지원 사업'에 선정되어 발행 되었습니다.